박승자

곡두

애지시선 051

곡두

2013년 9월 5일 초판 1쇄 발행

지은이 박승자
펴낸이 윤영진
편 집 함순례
디자인 함광일 이경훈
홍 보 한천규
펴낸곳 도서출판 애지
등록 제 2005-5호
주소 300-812 대전광역시 동구 삼성동 125-2 4층
전화 042 637 9942
팩스 042 635 9941
전자우편 ejiweb@hanmail.net

ISBN 978-89-92219-46-4 03810

애지시선 051

곡두

박승자 시집

□ 시인의 말

엄마는 돌아가신 후 말이 많아지셨다.

귀 바퀴에 앉아 이미 읽어버린 저녁을 끊임없이 간섭하셨다.

엄마 제발 그만 하셔요.

생전에 모녀가 아귀다툼 했던 것처럼 나는 저녁의 귓불을 탈탈 턴다.

읽어버린 저녁에서

희미하게 불빛이 돋아난다.

내 겹인 엄마에게 첫 시집을 바친다.

2013년 박승자

차례

제2부

제3부

제4부

제1부

밤바다

이 도시에 사는 이십 년 동안
바다를
앞치마나 목도리처럼 두르고 살았다
어둠이 칼칼하게 펼쳐있는 바다에서
썰물에 드러나는 돌멩이처럼 조금은 쓸쓸해도 좋았다
손아귀에 쥔 손금 같은 뱃길을 감추고
어둠에 부표처럼 떠 있는 작은 배
낚시꾼이 건져 올린 은빛갈치가 반짝,
허공에 빛나는 브로치처럼 끼어들곤 했다
밤에 키가 자라듯
생각을 키우는 것도 묵지 같은 바다였다
묵지를 들추면 하얀 속살이 나올 것 같았다
아무리 귀를 기울여도 꾸륵꾸륵 몇 번 울고 마는
도요새의 울음과 그 총총거리는 발자국 사이에
달빛이 황금빛 길을 내며
알알이 집어등을 켜든 배에
이 도시의 아버지와 오빠의 빛나는 얼굴

그들이 다스리는 식솔들의 웃음이 만선의 꿈에 있었다
난 이 바다에 자주 내안에서 글썽거리는 낡은 것들을
내다 버렸다

파도를 등지고 앉는다
내 글썽이는 방마다 집어등 같은 불을 밝히고
밤바다로 자일을 묶고
내가 버린 것과 내일 사이의 협곡에
도요새처럼 얼굴을 묻고 잠들곤 했다

공갈빵 목련

꽃바구니 든 소녀가 꽃잎을 뿌려주었다
동네 소년들은 자치기를 팽개치고 꽃잎을 줍거나
소녀와 눈맞춤을 하려다 전봇대에 이마를 찧고는 했다.
색색의 풍선을 들고 공중에 매달려 잠이든 사람들
서커스가 떠나면 동네 처녀가 흔적 없이 사라지곤 했다

둥둥 흰 북소리 요란해 아파트 3동 목련이 피고
7동 앞 화단의 목련꽃도 희게 터졌다
남녀공학 문태중고 운동장의 목련도 큰 소리로 피었다
등굣길 교문 앞에서 멈칫멈칫 뒤 돌아가는 단발머리가 있고
제 치마 꼬리를 휘어잡고 좁은 골목길로 사라지는 702호 女子
마음보다 몸을 먼저 불러내는 저 흰 북소리
아직 시린 푸른 이마 주름도 펴지 못한 바다도
방파제 언저리에 하얀 뱃살을 비비적거리며
하얀 꽃잎이나 한 입 받아먹어 보았으면 하고 보채고

어디 서커스가 열리는 빈 공터가 없나 자꾸 곁눈짓을
하다
설익은 햇살에 몸살 앓으면서
공갈빵처럼 부푼 목련꽃

도원

도원, 하고 한 잎 베어 물면 입 안 가득 단물이 밖으로 흐르는 말

한 마리 애벌레처럼 버스는 산사로 파고들고
늙은 나무들의 구시렁거리는 소리가 햇빛과 잘 비벼지는
산목련 산벚꽃 우듬지가 가만히 흔들리는 곳

낡은 산사에 학자풍 스님은 내가 좋아하는 타입

흰 고무신 가지런히 놓인 디딤돌 같은
스님의 한 귀퉁이를 자꾸 허물고 싶은데

산벚꽃 우듬지에 구름으로 지붕을 얹고 살림을 차리자고 해볼까
아른아른 이 연한 풍경을 죽처럼 끓여 호, 호 불어 한 입 입에 떠먹여 줄까
고봉고봉 꽃잎으로 밥을 짓고 연두연두로 나물을 무쳐
신랑각시 놀이라도 하자고 옷자락이라도 잡아당겨 보고

싶은데

여기저기 흩어져 있는 행락객을 바라보듯

펼쳐보지 못한 서책 같은 반듯한 이마로 눈길 한번 주지 않고 지나가는데

구름지붕이 사라질 동안만 아늑한 둥지 속에서 셰셰셰라도 해보자고 조르고 싶은데
성큼성큼 꽃잎을 밟고 가는 흰 고무신

사립문 안으로 사라지고 대나무 낮은 담장엔 묵언이라는 팻말

쪽잠이라도 들면 연분홍 꽃이불 끌어다 덮어주고 싶은데

나가는 버스를 놓쳐버린 척

보랏빛 현호색이라도 되어 담장에 웅크리고 있을까

꼭, 구름 지붕이 사라지기 전까지만

곡두

어여쁜 과수댁 울 밑에 분꽃향이 분분한 밤이면
독 뚜껑 뒤집어 무딘 칼을 쓱쓱 갈곤 했다
달은 하얀 박속처럼 제 살을 박박 긁아 먹고
바가지 형상으로 덩그러니 어둠 속에 팽개쳐 있을 때
또아리 풀고 소리 없이 담장 밑을 기어 나가는 구렁이

촉수 낮은 알전구 밝혀두고 여름, 매운 무를 썰며
잘 벼린 칼 주위로 시퍼런 불이 모여 들었다
여름밤이 피 한 방울 흘리지 않고 잘리는 소리
분꽃 모가지가 낭자하게 꺾이고
새침처럼
똑, 똑
도마 위의 칼소리
생피를 쏟아버린 그녀의 낯빛처럼 댓돌 위의
신발 속에 창백한 달빛이 기우뚱 고이고

알전구가 꺼지고 희부연 새벽에

시침 떼고 아랫목에 앉아 있는 구렁이 앞에
흰 쌀밥에 무나물을 차려놓고
수저 한 가득 밥을 퍼 먹는 그녀의 치마 속에
숨겨있는 아홉 개의 여우 꼬리를 보았다

밤새 어린 계집애가 바람벽을 마주 보고 두 눈 부릅뜨고 있었다

내가 아닌 곳

장전된 총알이 되어
방아쇠를 당기면
누군가의 고요한 심장을 살짝 비켜

푸르름과 그늘이 없는 곳
이 세상의 격렬비열도가 아닌
밤사이
바람이 산을 만드는 곳
타클라마칸 사막이나 고비 사막 같은 곳의
과녁
뜨거운 바람에 눈물이 마르는 곳
아무도 눈치 채지 못한 시치미 같은
곳에
사막에 돛을 높이 올린 배처럼, 그러나
갈 곳이 없는, 아니 갈 수 없는

내 아닌 다른 곳으로

어느 날, 이른 저녁

폭설이 내린 것처럼 잠이 쏟아졌다

발목이 잠기고 나불나불 입술이 잠기고 뜨겁지도 차지도 않은 사랑이 칭얼칭얼 잠 언저리를 건들고 상념들을 툭, 툭 절편으로 잘라 놓으며 그 사이, 사이로 쏟아지는 잠 누군가 귀를 열고 들어오며 "이른 저녁부터 무슨 잠을 그렇게 자냐?" 하고 다시 잠 빗장을 닫는 소리

누군가의 가슴에서 울어보지 못한 새 울음소리를 지우고

당신 눈에 비친 눈동자를 지우고

바다 위를 걷는 청년 예수의 발자국을

뒤척이며 지운다

이 잠 끝에 새들이 지저귀는

경쾌한 아침아

오라!

국수를 먹으며

잔치국수를 먹는다
한 그릇 국수를 따뜻하게 말아주는 주인여자는
눈꼬리가 쳐진 당숙모와 닮았다
잔칫집에 불려 다니며 정지와 정지를 오가며
뜨거운 물에서 맨손 척척 삶아진 국수를 꺼내던

국수가닥이 들어간 긴 내장 구불구불한 길,
그 하얀 국수가닥 하나를 새치머리 뽑듯 뽑으며

대문이 활짝 열려 있는 초례청
잔치국수 고명 같은 족두리를 쓴 작은 언니 있다
족두리는 그늘진 이마를 가리고
푸른 보에 쌓인 수탉과 빨간 보에 싸인 암탉이
수선스럽게 목청을 돋우고
목기러기 한 짝이 옆으로 자빠져 버렸다는
햇빛이 환하다가 눈발이 치던 초례청에
놀란 당숙모가

자꾸 손등으로 신부의 눈물을 닦아줬다는

그 하얀 길을 조금 더 당기면
노란 모과 향 파르르 떠는 장지문에
연서를 배달하는 작은 꽃고무신이 있고
얼굴을 붉히며 한사코 마다하는 손이 있어
되돌린 연서를 들고 가만가만 사립문을 열며
컹컹 동네 개들이 요란하게 짖는 소리,

추운 날, 국수 한 그릇
한없이 낮은 곳으로 흘러 상처를 닦아주던 처진 눈초리
나도 있지 않냐? 하는 입가에서 국수사리처럼 뱅글뱅글
얹힌 웃음
백년 된 달그림자 안에 하얀 길들이
국수가락처럼 따라 올라오는

중구난방

말들을 모우고 모아
말들에게 밥을 먹인다
중구난방 같은 말들을 어떻게 가둬둬야 하나
배부른 말들을 다독이고
두근두근 오는 말들을 어떻게 하얀 초원에 풀어야 하는지
난감한 생각의 길
앉은뱅이책상 위에 얼굴을 묻으면 가로등 하나 없는 깜깜한 밤길

식물 줄기 같은 골목
가로등 불빛이 물위에 어룽어룽 달빛처럼 비추는 곳
빈병을 쌓아 놓은 상자 그 구석에 공기 빠져 찌그러져
갈짓자걸음으로 골목을 오른 사람이
발길을 돌려 지나친 점방 문을 열고 들어가
봉지 속의 노란 귤을 흔들며 올라가는 길

꽃처럼 피어있는 빨간 지붕,
병든 붉은 여우 살고
세월도 하마 늙어늙어 본집으로 들지 못하고
구겨진 달빛을 꾸역꾸역 삼키면 밤마다 오르는 길
흔들리는 지치고 고단한 발걸음이
말의 서방 같기도 하고
아무리 닦아내도 지워지지 않는
희미한 얼룩 같은 아버지 같기도 한데
한사코
내 배내피를 기억하는 저 붉은 여우를 상상하며

다시금 앉은뱅이책상으로 돌아오면
희디 흰 벌판,
히이 윙, 내 말들은 어데 있는지

괘종시계가 두 번 우는 밤

육이오 피난 때 오빠를 잃은 엄마는
동그란 고리가 달린 새장을 늑골에 넣으셨다
깜박, 문을 다는 것을 잊으셔서 새는 새장에서 나오지 못했다
새가 울음으로 늑골을 갉을 때마다 어머니는 뜨개질을 하셨다
대나무 바늘이 지나간 자리마다 붉은 고리를 엮었다

스웨터를 다시 풀어 짜시던 어머니
석유난로 위에 올려진 양은냄비 뚜껑이 요란하게 날개짓을 하면
구불구불한 길이 한 줄기로 펼쳐있었다
두 팔을 풀무질하듯 돌리며 따뜻한 세상을 만들 것처럼 털실은 부풀어 올랐다

사막에서 불어온 붉은 먼지들이 구석으로 쏠려 다녔다

괘종시계는 어느 덧 자정을 알리고

새장 안에 새는 언제 날아가나요
꾸벅꾸벅 질문이 모이를 쪼듯
풀무질은 느려지고
시계 속의 밤의 무게는 눈꺼풀 위에 보풀보풀 쌓이는데
스웨터를 짜서 열두 살 계집애 몸에 가늠해보고
작구나
마치 긴 밤을 자르듯 한 마디로 내 뱉으시며 스웨터를
다시 푸시던

문풍지에 커다란 실루엣
손가락이 긴 마녀처럼
평생 우는 새를 늑골에서 꺼내지 않을 양

올가미에 갇혀 붉게 울던 새

바람도 문풍지를 흔들지 못하고 발꿈치를 들고
지나가고 지나친 고요를 못 이겨
양철 노랑나비가 지친 호흡으로 날개를 팔딱거리고 있는

윤주미용실

윤주미용실 앞
붉은 다라이에 매발톱꽃 세 송이
보랏빛 매니큐어를 발랐다
문을 열기 전
검문을 받아야 할 것처럼
다섯 개의 발톱을 날카롭게 세우고 있다

매발톱꽃이 꽃잎을 날카롭게 치켜세운 이유는 손님이 없을 때 의자에 무릎을 행성처럼 끌어안고 얼굴을 묻고 있는 윤주 때문인지 모른다

지난겨울 내내 봉두난발 같은 늙은이의 고시랑거리는 소리를 봉긋하게 다듬어 준다든가 자꾸 대문 밖으로 뛰쳐나가는 미친 봄을 곱실하게 말아 준 동네여자를 거울 속에서 말없이 끄덕여주는 윤주는 봉두난발 같은 백수광부 실업과 변명을 한 번도 재치 있게 다듬어 준 적 없다 하지만 그늘에서만 자라는 어깨까지 찰랑이는 내 애매함을 깡

둥하게 자르고 목덜미를 자꾸만 쓸어주었다 어둠 깊어 인근 상가에 불이 하나 둘 꺼지면 낮은 촉수 등을 켜 놓고 동그랗게 자신의 몸을 말고 있는 윤주를 몰래 들여다보면 곧 이륙할 우주선 안에 있는 것처럼 자신의 행성으로 돌아갈 별처럼 아스라하게 빛이 났다

윤주의 발목까지만 차오르는 옅은 잠을 지키듯
문고리를 잡으면 행성을 간섭하지 말라는 듯
완강하게 매발톱꽃은 고개를 저었다 어쩌면 윤주는 딸 이름인줄 모르겠다

이팝나무의 답례

지난겨울, 싸묵싸묵 함박눈 한 사흘 내린 날의 답례라는 듯

눈길을 꽝꽝 다져 무료급식천막 앞의 긴 줄의 답례라는 듯

나란히 줄 맞춘 초록 솥단지,

그득히 저 하얀 쌀밥

초록 솥단지 이밥을 비비듯 햇살반찬이 풍성히 내려앉은 그늘아래서 누룽지를 긁어내듯 가난을 긁고 있는 노인은 아직도 두터운 겨울외투를 벗어 버리지 못하고 "긍께, 작년 겨울에 함박눈이 자꾸 왔당께, 그랑께, 이팝나무에 쌀밥이 고봉으로 열리지, 올 가실도 틀림 업시 풍년이랑께" 초록 솥단지 아래서 중얼중얼, 입가에 이팝꽃처럼 하얀 버깨가 끼고 "이런 날 벼가 쑥쑥 크는디" 예전에 품었던 세 마지기 논이 아직도 품안에 있는 듯 입맛도 쩝, 쩝 다시고 초록 솥단지 밑구녕을 올려다보고 연둣빛 저고리 받쳐 입은 신부가 차려낸 아침 밥상 같기도 해서 밥풀 같

은 눈물도 그렁그렁, 바람이 들썩이며 손수레에 빈 그릇처럼 납작하게 포개있는 박스들도 이밥이나 실컷 먹어 볼까하고 오전 시간을 다 보내고

싸묵싸묵 한 사흘 내리 내린 함박눈에 대한 예의 바른 답례처럼

초록 솥단지 줄 맞춘 하얀 쌀밥 그득한 이팝나무 가로수

어린 것들이 보내는 신호

오래전 시간이
신호를 보내 올 때가 있다

저릿저릿

고요를 앞세우고 귀를 기울이면 마치 여치 울음처럼
차르르, 차르르 들리는 소리

시간의 모래사막을 더듬어 본다
자욱한 모래바람이 산을 만든다

산은 동쪽에서 먼 곳으로 다시 서쪽으로
그리고 내 앞에 확연히 있다

달수를 채우지 않고 나온 햇살이 낙타의 등에 얹혀 있다
가파른 등에서 흘러내릴 것 같은 햇살을 낙타는 추슬러
다시 업는다

오목한 대접을 엎어 놓은 것 같은 둥근 것의 기억
그래서 모든 기억은 둥글고 빗금이다 그리고 그 속은 검게 비워있다

모서리가 닳은 마두금 소리가 들려온다

둥근 젖의 기억으로
사막에 새끼낙타를 묻는 어미가
먼 곳보다 더 먼 곳 안쪽의 신호를
찾아가는 사막의 시간

한 번도 뼈를 곧추세우지 못한
햇살 속에서 날개를 펼쳐보지 못한
어린 것들이 아득한 먹먹함 속에서
몸에게 보내는 신호

햇살도 어미였던 적이 있을 것이다

숨길 수 없는 증거

생오지 그늘에 자란
어린 머위를 채취했다
채취할 때 몰랐는데
검은 비닐봉지를 펼쳐보니
꺾인 자리가 검게 변해있었다
요즘 내 손길에 닿는 것이
자주 아프다고 하소연했다 나는,
도무지 모르겠다는 표정을 지었다
따귀를 때린 적도 분노를 터뜨리지도 않았다
시치미도 가면도 아니었다
숨길 수 없는
증거처럼
엄지와 검지 끝이 굳은 피처럼
붉게 엉겨있었다
주방 모퉁이에서 쪼그리고 울었다
녹슨 칼처럼 외로웠다

제2부

아코디언, 아버지

산 중턱
봉지에 담긴 집
계단을 한 음씩 오르거나 두 음 내려 올 때마다
쭈그리고 앉아 장독대에 피워 있는 채송화 꽃잎을 세듯
다른 집의 밝은 음악을 하나, 둘 세기도 했다

부재에 대한 질문이 금기였던 때
그래서 상상은 한없이 제 몸집을 늘이고
음계를 가슴에 안고 펼쳐지는 음악이
어둔 강물에서 눈을 뜨는 별들의 반짝임에 닿곤 했다

누구나 하나쯤 까닭 없이 눈물을 쏟아내는 구름지붕쯤은 가지고 있는 것이라고
자신의 그림자를 검은 음반처럼 반음씩 밟으며 내려오는 길
씀벅, 씀벅 어둠 속에서 피어있는 채송화 같은 불빛들
반짝이는 눈물을 제 안에 가두며

푸른 대숲처럼 우수수 일어서는 부재의 뼈대 같은 것

공중에 걸린 사닥다리처럼
共鳴이,
강물의 속살을 열어주는 새벽이면 한 마리 은어처럼 물밑에 닿는
옛집, 낡은 계단에서
틈새에 피어있는 꽃에 물을 주며
다음해를 위해 씨앗을 간직해야 한다고
자꾸 봉지 속을 들여다보며 참견하는 이가 있고
어느새 작은 까만 씨가 촘촘히 뿌려준 화단에
자꾸만 음악을 조리개로 부어주는 악기가 있다

사월, 동백숲에서

숯불처럼 뜨거운 신발을 머리에 이고
붉은 비단길을 건넨다
폭풍이, 자객이, 독설이 깊은 숲에서
비밀은 가슴까지 차오른다

용서란 말이 칼날처럼 차고 날카롭다

외딴,
나의 긍정은 너무 작아서 붉고
너의 잔혹은 너무 크고 넓어서 붉다
목을 꺾어 너를 보거나
무릎을 구부려 너를 안아야 한다

연서를 보낸 내 참혹이
붉은 비단길처럼 서늘해진다

스스로 불빛으로 어딘가 닿아 본 적이 없는

너는,

봄볕이 스며들지 않는 둥치에 봉인되어 있다

봄, 동백림을 다시 쓰다

서늘하고 어두운 숲은
충분히 아름다웠다 나는
자신을 접고 사랑에서도 思考에서도 단 순간에
뛰어내린 적이 한 번도 없었다
내 삶은 적당히 울타리를 둘렀고 아주 높은 곳은 내려올 것을 꼭 염두에 두었다
그러면서 이 숲에서 난 뜨거운 숯불을 머리에 이었다고 했고 폭풍과 자객과 독설이 깊다고 했다
내 긍정이 너무 작다고 읊조리고 너의 참혹이 너무 크다고 엄포를 놓았다
난 이 숲에 대한 경배에 정직해야 했다
향기 없이 서늘한 숲은 아름다웠다
고개를 들면 별들이 붉게 반짝였고 떨어진 별들은 융단처럼 붉었다
붉은 색을 경배한다는 대륙의 결혼식 같았다
아름답고 서늘한 숲,
신발을 벗는다 그리고 융단 위를 걷는다

발아래 으깨지는 신음소리는 부드럽다 맑다
화주火酒를 들이키듯
저 깊은 골짜기에서 너와 내가 버린
흔적 없는 사랑이 다시 불꽃으로 타올랐다

레몬트리

레몬나무를 심고 싶었어

크리스마스트리에 달린 금종처럼 노랗게 익은 레몬이 주렁주렁 열린 나무, 상상만으로 즐겁지 않나 가끔 선머슴 같은 바람이 지나가면 노오란 신향기가 어린별의 숨결처럼 불빛이 새어 나오는 창, 울음을 터뜨리는 창문 같은 곳으로 멀리 퍼져나가는

그래서 마음밭 두 평쯤을 갈아엎었지 하지만 결심은 자꾸 미뤄지는 법 어디서 묘목을 구해야 하나 궁리하다 두어 해쯤이 지났어 지금도 어디서 묘목을 사야 하는지 누구에게 물어봐야 하는지 도무지 난감한 날,

다시 레몬트리 상상을 하는 거야

그 신향기가 퍼져 나가면

한쪽 눈을 찡그리며 윙크를 하는 상상, 노란 웃음이 너울처럼 퍼져 가겠지

상상도 즐겁게 키가 크는 법

별빛도 찾지 않는 밤, 각을 세운 바람이 낡은 문풍지를 사납게 두드리는 밤, 또 다시 레몬트리 상상을 하는 거야

아, 그 신 향기 금종처럼 열리는,

탄일 종소리처럼 멀리 퍼지고, 따뜻하고 상큼한 노란색의 눈물이 주렁주렁 달려있는,

꼭 먼 길을 물어 물어서라도 레몬나무

상상을 심는 거야

2011년 1월

이 겨울,

내린 눈 위에 눈이 미친 듯이 내렸다

폭설 위에 눈이 내렸고 강풍이 뒤따랐다 추위와 배고픔에 장정 몇이 주유소 주위의 언 땅을 보름동안 파 들어갔다 휘발유는 괄괄 쏟아졌고 송유관을 잠그는 법을 몰라 경찰서로 자진해서 걸어 들어갔다 그들은 티브이 앞에 앉은 사람들에게 잠시 즐거운 겨울밤을 선사했다

폭설이 내리기 전에 굽 갈라진 동물들의 역병이 창궐했다 해질녘의 들판처럼 순한 눈을 가진 가축들은 산 채로 들판에 매장되었다

분홍색으로 곱게 물든 개울이 흐르고 우물물이 선지처럼 굳었다

옆 집 사람 입가에도 역병의 징조처럼 수포가 돋아나긴 했지만 감기 몸살의 징조 같은 것이었다

큰길가에 눈은 빠르게 치워졌고 골목길에서 노인들은 골절되었으며 어린아이들은 깔깔거리며 엉덩방아를 찧었다

의문투성이의 밀서들이 은밀히 전달되었다 해석은 제각각이어서 또, 神의 발걸음은 늦은 아이의 걸음마 같은 것이어서 희망을 해독할 수 없었다

눈은 지워지지 않는 얼룩 위로 함부로 내리고 있었다

참견

가을 으스름인지 겨울 으스름인지
닭 모가지 비틀어 국물 뽀얀 미역국을 끓이는 저녁
한 여자가 열려있는 대문으로 들어와서 밥을 달라 했다
토막 친 닭뼈를 요란하게 발라 먹고 손가락 사이 기름도 알뜰히 핥아 먹고
자꾸 이 집의 사주를 내 놓으라 했다

괜찮다고 그냥 밥 한 그릇 잘 잡숴으면 됐다는 가뜩이나 마뜩찮은 눈빛을 외면하리 막무가내 손금이라도 내 놓으라며 설설 끓는 아랫목으로 쩍쩍 갈라진 알뿌리 같은 뒤꿈치를 밀어 넣었다 소매 속에는 밥상에서 슬쩍 집어넣은 놋수저가 막 눈 뜬 별처럼 빛나고 마지못해 내미는 사주를 눈 밑에 낀 기미보다 더 짙은 그늘을 드리우고 보더니 역마살이 들었구먼 하는 소리에 단번에 대문 밖으로 쫓겨 난, 주술사도 아니고 점쟁이도 아닌 여자가 자꾸 꽃들이 소란스러운 봄날에 끼어드는데 山東은 노란 산수유로 허공이 어지럽고 산이면은 매화 때문에 붐비고 바람

과 햇살 같이 떠도는 가벼운 생의 무게로만 꽃마을을 자꾸 참견하고 싶은 봄

빡빡도새

막무가내 고집을 부리고 있는 내게
엄마는 새를 꺼내곤 했다

빡빡도새 같구나

옆집에서 낡은 담을 허물고
우리 집 장독대를 반이나 잡아넣고
담을 쌓을 때도 높은 언성 끝에
또 새를 꺼냈다

빡빡도새 같으니라고

램프를 문지르듯 고집불통을 문지르면
엄마의 입에서 튀어 나오는 새

가뭄이 심한 담양호를 뒤로 두고 올라가는 산행
단풍에 가속이 붙은 불타는 산에
보리암*은 누가 달아 놓은 새집처럼 걸려있었다

발끝이 무거워 자꾸 뒤처지는 가파른 산길

보리암은 떠 있다, 사라졌다 했다
팍팍한 발길을 그만 돌려버릴까
할 때마다
새가 나타났다

네이버 검색에도 없는 새
날개도 울음도 가지지 않는 새가
호통을 치듯
내 등을 떠밀고

결국은 보리암에 닿게 했다
자신의 둥치에 벌레를 키운다는 늙은 귀목나무 한 그루가
새알 품은 보리암을 어르고 있었다

* 담양 추월산에 있는 암자

상상 임신

내 새끼!

돌멩이를 품는다
말라붙은 젖을 먹인다
자장자장 자장가를 들려준다

부리로 톡, 톡 껍질을 깨고 세상 밖으로
돌멩이,
나오는 소리
오솔길같이 꼬불꼬불 굽어진 귀
깊숙이 돌멩이 부르는 소리

돌멩이,

더운 피가 돌면
알이 굵은 에메랄드빛 반지를 사 달라 해야지
커다란 여행 가방을 사 달라 해볼까

꽃불 매단 밤기차를 타자고 졸라볼까
한 삼십 년 입덧을 했으니
꽉꽉 여문 시디신 석류를 사 달라 조를까

자장자장
한 백년 품어 달라고 하면 어쩌나

새벽시장

새벽시장, 채소전 지나 어물전 지나

철도역 뒤편에 쪼그리고 앉아 탐스런 무를 팔러 온 아낙 무를 세는 숫자가 자꾸 헷갈린다

무 세 개를 네 개라고 우긴다

무 하나에 오백 원이면 너무 싸다 싶지만 숫자를 맞추는 버릇이 있는 나는 자꾸 봉지 속을 열어 보였다 멀찌감치 떨어져 있는 남편이 지켜보다 못해 담뱃불을 낡은 신발 뒤축으로 짓이기고 나선다 무 하나를 봉지에 넣어주며 한없이 미안한 얼굴을 내민다

옆 좌판에서 고추를 파는 이가 "저렇게 아침부터 취해서, 끌끌" 하는 매운 소리에 아낙은 황망한 표정을 짓고 무 다발 쪽으로 기우뚱 쓰러진다

술 향기가 왁자한 소란과 섞이고, 너를 읽지 못해 한 오리쯤 취해보고 싶은 날들이 내게도 있었다 그럴 때마다 한 모금의 물을 마시거나 책을 펼쳐들곤 했다 너는 한 백리쯤 취하면 어떠냐고 울컥 하기도 했지만 저렇게 취한

아낙을 따라나서는 남자의 염려가 물기 마른 자국처럼 읽혀져 마음이 자꾸 묽게 번졌다

어느 새, 복작복작 사람들이 밀려들고 술 향기로 추운 아침을 건너는, 그녀가 세 개와 네 개를 헛갈리는 세계가 부러워 붉은 것을 가라앉히고 울컥,

음력 8월 5일 초승달

잘 벼린 칼을 생각했다
저 칼로 수풀 속에 숨어 있는 별을 사냥해야겠다거나
손가락 끝에 걸린 별을 고향으로 되돌려 보내야 한다는 객기를 부렸다

마치 잉크 같은 푸른 저녁에
퍼렇게 멍이 든 독을 생각한 날처럼
내 의식은 섬뜩했다

달을 보고
갓 익은 과일을 담은 바구니나 누군가를 태울 돛배를 생각한
여린 뿔 같은 날이나
먹지 같은 밤하늘을 보고 신성을 생각한 깊은 시절,
이 분명 있었다

싸구려 분향처럼

다라이에 심겨진 분꽃이 붉은 별처럼 돋아나는
여러 갈래의 골목을 서성이며
살아서는 보지 말자는 내 앙금에 지문이 찍힌 등을 묵상한다
그 파란 독이 만들어낸 생채기가 아직 가시지 않은 몽고반점처럼 찍혀있을 것이다

음력 팔월 오일 초승달을 보고 기록한다

자연사박물관에서

약속 같은 건 지키지 않아도 상관없는 시간, 은 통째로 고래가 잡아먹은 듯 사라졌지만 그 고래가 시간을 잡아당기며 물레를 잣고 있었다

몇 억년의 시간을 촘촘히 체 내렸다는 자연사 박물관

익룡의 날카로운 식욕을 피해 암모나이트처럼 둥글게 휘어진 계단을 오르면 투명 아크릴 속에 네가 있었다

오른쪽으로 다섯째,

왼쪽으로 셋째 줄, 사선으로

푸른 부전나비라는 명칭을 달고,

메마른 발목을 휘어잡는 네 앞에 멈췄을 때, 난 네가 있는 장소가 왜 갸우뚱 흔들리는 무 장다리꽃 위가 아닌지 마치 아래층에 있는 표범이 왜 킬로만자로의 눈 속이 아닌지를 궁금해 했던 것처럼, 약속을 잊어버린 표정으로 바라보았다

바람이 천방으로 뛰어 노는 낮은 언덕, 너 심장을 관통하는 은빛 침을 뽑아, 빛바랜 쪽빛저고리, 어머니가 물레를 돌리는 시간으로 돌려보내고 싶었다

어쩌면 내 잃어버린 약속이 향기로운 소릴 내며 저벅저벅 걸어가 스스로 은빛 침을 꽂으며 순장할 것 같은 오후, 습기 없는 시간이 고압전류처럼 흘러 갸우뚱 내 몸을 사선으로 놓으며,

외숙

생의 긴 오선지에
한 번도 높은음 자리에 걸쳐 보지 못했던 외숙이 죽었다
여름의 끝에서 고개를 내민 가을 외숙의 생애만큼 밋밋하고 싱거워서 햇살 몇 가닥의 모가지를 분질렀을 뿐, 아직 누구의 가슴에도 맵싸하게 쿨렁거리지 못했다

어둡고 습한 골방에서 아주 낮은 소리로 출렁거리며 하루를 지워가던 외숙은 언젠가 풋물가시지 않은 잇바디가 가지런한 아낙과 함께 마을 사람들이 알 수 없는 푸르고 깊은 묵음의 고장으로 사라졌다 봄, 여름, 가을, 그리고 눈이 내렸다 몇 해가 지나자 눈 위에 발자국이 났다 골방은 잠시 등불이 걸려 환해졌다 어둑해지고 마을을 에돌아 흐르는 강가 돌멩이 하나가 문창살을 분지르고 마당에 뒹굴었다 흰 뼈처럼 달빛을 움켜진 돌멩이 외숙도 붉은 가래 몇 알을 흰 뼈 가까운 곳에 엎질렀을 뿐이었다

막 다듬은 봉분 앞에서 흰 국화 한 다발이 검은 천으로

발목이 묶인 채 그의 죽음에 다정히 어깨를 기대고 있었다 그의 늙은 누이가 쉽게 울었다

지나친 여유가 외숙이 고음으로 살아보지 못한 가장 큰 이유였다고 누군가 말했다

참 숯가마 찜질방

외딴 숲속에 참 숯가마 찜질방,

부실한 슬픔을 질질 끌고 설설 끓는 바닥에 뒹굴뒹굴 굴리다 따땃하게 등짝도 지지고

한 사흘 내린 눈에 되짚어 갈 길 지워버리고 집도 자식도 잊어버리는 텁석부리 사냥꾼 아낙이 되어 산짐승 가죽을 벗기듯 슬픔을 벗기고 내장은 햇빛에 말리고 고기는 잘 염장해두어 푹, 푹 쌓인 하얀 눈을 헤치며 깊숙이 묻어두었던 소금항아리를 열고 간이 밴 슬픔을 꺼내 니캉 내캉 한 입씩 뜯어먹으며 숲 밖의 세상을 전혀 모르는 양, 참, 눈이 많이 오기도 한다 내 소리인지 너 소리인지 모를 소리를 씨부렁거리며 숯가마 앞에서 빛나는 뼈, 활활 타는 정념을 안고 있는 백탄 굽는 이에게도 한 조각 떼어주며

또, 어떤 이가 조작조작 눈길을 헤치며 참 숯가마 찜질방으로 든다

제3부

어느 날, 눈 오는 밤을 펼치며

기차가 지나가면
살강 위에 엎어둔 그릇처럼 흔들리는 집
밤늦도록 재봉틀 돌리는 소리
선로를 뜨겁게 달구며
기차는 멀리 광주로 여수로 가고

아랫목과 윗목의 경계를 지우는 박음질 소리

북동풍이 창문을 요란하게 두드리며
눈벌이 스며든 미닫이창을 열고
무슨 긴한 일이 있는지
아님, 하얗게 지워진 풍경이 아늑하게
두 손을 붙들고 있는지
방 안 가득 바늘 쌈지 같은
북동풍이 매섭게 차오르도록
창문에 매달려 있는 여자
뒤꼍 살구나무는

은빛꽃을 피우고

창문을 닫는 여자의
어깨에 얼음눈물이 맺혀있고
종일 그녀가 어금니로 끊어 놓은 실밥처럼
눈 나비는 날아오르고
닫힌 창문 너머로 기차가 아득하게
하늘로 오르는 소리

기억 저편
— 어머니

기차역에서 내리니
어느새
깜깜한 밤이었다
"우동 먹으련"
플랫홈 홍익매점에서
김 모락모락 나는 우동 그릇 위로
어머니의 눈물같이
분, 분, 분,
내리는 눈발
내 손을 끌고
목적지도 없이
기차를 타고 다시
되돌아오시던 어머니

집으로 오는
장대다리를 건너고
눈발이 휘날리던

둑길을

천,

천,

히,

걸으시던.

흰 고무신 코끝으로 치맛자락

툭, 툭,

채이며

마른치자 꽃향기가

어린 소녀의 가슴을

촘촘히 죄였던

밤 선창

생선배가 들어 왔다
여러 날 만에
선장의 옆구리가 들썩이며 불이 켜지고
종일 선창에 머물렀던 바람은
아낙의 치마폭처럼 넉넉한 비린내를
왈칵, 풀어 놓는다
선창의 옆구리로 몰려든 찰랑한 국 대접 같은
웃음소리

생선을 퍼올리는 건강한 팔뚝의 도르래가
건져 올린 금어는 달빛을 끌어안으며
금 망사빛 아련한 다리를 놓는다
바다를 박차고 솟아오른 생선은 제 몸
시위를 팽팽히 당겨 어둠에 빛나는
핀으로 허공에 꽂힌다

저민 먼 바다 한 접시가 따뜻한 군불로

지펴지는 밀물진 웃음소리
양재기 가득 생선을 얻은 밥집 아줌마의
푸른 슬리퍼 끄는 소리
바다,
그 큰 귀에 듣는다

낙산에서

무엇을 보태거나
빼려고 하지 않아도 좋았다

입 속에서 터지는 감탄처럼
지친 발목에 둘린 보이지 않는 은환처럼
그냥,
낙산의 햇빛과 몸 섞는 바다나
그 바다를 바라보는
가파른 절벽의 늙은 소나무 한 그루면 되었다

종알거리는 새처럼
귓가에 내려앉는 구름에게
푸른 하늘의 안부를 묻지 않아도 되었다

미처 다 피지 못한 꽃봉오리 안에서
앳된 짝이 올리는 간절한
두 손 모음이 아니어도

종아리를 매섭게 후려치는
채찍을 가만히 내려놓는다

발목에 걸린 은환이 사소한 햇빛에도
짤랑,
요란한 소리를 내며 내려오는 길

낙산은
먼 바다 파랑의 손으로
등 뒤의 소란을 가만가만 쓸어 주었다

막막한 골목

도무지 데려갈 염사가 없는 듯
젊은 엄마는 골목으로 치마꼬리를 감추어 버렸다
목 놓아 서럽게 울던 아이를
이제야 꺼내보며 묻는다
스물다섯 시의 불타오르는 시간이거나
삼십이일 얼어붙은 날을

어떻게 건너가느냐고
아무도 아는 척 하지 않거나
달래주지 않는 놀라운 적막감의 골목에서
끊임없이 딸꾹질을 해대며 되돌아오는 길
벗겨진 신발 한 짝같이

도무지 엄마 치마자락이나 잡을 수 있는지
얼음처럼 뜨거워서 잡을 수 없는 그런 것들

빨리 늙어 있는 나를 꺼내놓고 손바닥 잔금을

세어보듯 펼쳐 보고 있을 때, 그 늙은 나무의
막막한 손금에서
잃어버린 신발 한 짝을 찾을 수 있는 것인지

移住

한갓진 고속도로 휴게소 백반 집, 손님이 남긴 반찬을 구석진 테이블로 옮기는 종업원이 있었다 병색이 완연한 늙은 남자와 대여섯 살로 보이는 사내아이가 밥을 먹고 있었다 제육볶음에 볼 가득 상추쌈을 하는 아이가 남은 반찬을 테이블로 밀어주는 앳된 종업원을 엄마! 하고 불렀다 여자가 눈짓으로 아이를 나무랐다 늙은 남자가 자꾸 흐린 웃음을 흘렸다 식당 주인은 애써 모르는 척 문 밖으로 고개를 돌리고 잘 마른 햇살도 무거워 과꽃이 고개를 떨어뜨린 가을 한낮,

낯선 나라에서 와서 가장이 된 女子를 바라본다 말끄러미 바라보는 눈빛을 저어하는 얼굴에 짜디짠 바닷물이 넘실대는 것 같다 아이는 어미를 닮은 맑은 눈망울로 여자의 옷자락을 당기며 남의 식탁 반찬을 고사리 같은 손가락으로 채근한다 흩어진 상추를 가지런히 포개어 아이에게 건네는, 스물을 갓 넘긴 듯한 여자의 移住가 무거운 꽃송이를 가누지 못해 한사코 햇살 쪽으로 기우는 한낮, 낮

달도 짜디 짠 제 얼굴을 지운다

한가위로 이주

휙,
나를
잡아챘다

저 강을 건너면 안 되는데
어느새 발목이 젖어들고 있었다

여덟 살 엄마가 쉰세 살 딸을 데리고
보름달이 환한 곳으로 이주하고 있었다

발자국 딛는 곳에 빠르게 다른 발자국이 찍히고 있었다
강, 강, 술, 래
둥근달을 밟고 있는 저 빠른 발자국을 따라 잡을 수 있는 것인지……저 맞잡고 있는 손과 손 사이로 늙은 딸의 손을 끼워 넣을 수 있는 것인지……둥근 달을 휘어치며, 도는 저 자진모리 상모의 기나긴 끈을 잡을 수나 있는 것인지……

한가위 추석으로 이주할 수밖에 없다고, 칭얼거리는 늙은 딸을 데리고 음력 팔월 강을 건너는 어린 엄마가 물속의 달을 건져 한 입 가득 베어 먹으렴, 스산스런 목소리로 나무라고

열두발 상모는 어지럽고

꽁꽁 언 발이 있어

새가 울며 축제를 한다는 종족이 있어
평생 달력 날짜를 지우는 일 없겠네
좀처럼 손을 내밀지 않는 해를 바라보며
막막한 얼음 속에서 새가 날아오르면
두꺼운 얼음을 깨서 물고기 잡아
질질 끌고 오는 당신
그 비린 것 나눠 먹으면
모닥불에 붉은 손바닥을 뒤집던 당신
얼음 알처럼 가지런한 잇바디 보이며 웃는 당신은

새가 우는 소리가 들리면
커다란 물고기를 수레에 질질 끌고
소풍을 간다던 당신
비린 몸을 끌고 와
새들이 몰고 온 초록 벌판 위에
점심상을 차리는 당신
순록이 끄는 수레를 뛰어 넘은 툰드라의 아내와 딸

웃음소리가 짤랑짤랑 초록 벌판을 굴러가고

오랫동안 얼음처럼 발끝이 차가운 병이 있어
날마다 그 발끝으로 숫자를 지우는 습관이 있어
꽃무늬 분홍 벽에 갖다 대는 얼음귀가 있고
새가 물어올 싹튼 가지를 기다리는
꽁꽁 언 발이 있어

어떤 울음

저녁 무렵, 문화예술회관 산책길
계단에서 울음이
잘 마블링 된 육질처럼 스며들었다
누군가의 어미였거나
누군가의 아내였을

혼자 오랫동안 꼭꼭 여미고 발효시켰을 슬픔이
노을 속으로 스며들었다

가벼운 옷차림의 사람들이 잠시 걸음을 멈추다
흰 낮달 가녘을 밟듯 조심스럽게
울음 끝을 돌아갔다
나도 몇 개의 울음을
움켜쥔 주먹 속에 가둬 둔 적이 있었다

왠지 그녀가 그어 놓은 가녘에 내 오래된 각오를 풀어
놓듯

내 주먹을 슬며시 펼쳐보았다.
달팽이촉수처럼 길게 손을 내밀어 다독이거나
내 작은 어깨 한쪽이라도 빌려 주고 싶었다
그 울음이
마치 내 안에서 흘러나온 것처럼

첩첩한 울음이
먹구름 사이사이에 박힌 노을처럼 풀어지고 있었다

內藏가는 길

너를 깊숙이 들여다 보라고 했던 일
새빨간 숯불을 머리에 이고 있어야 했던 일
그 구불구불한 길 입구에서
처녀가 홍등을 흔들고 있었던 일
홍등이 서늘한 큰 불로 인도하던 일
품바타령아래
햇살을 칼날처럼 갈아 놓고
넌출넌출 빛 작두를 타고 있는 여자들이
자신의 內臟에서 숯불을 꺼내 놓던 일
애기단풍들이 그 불을 넝큼넝큼 받아먹던 일
아니야, 아니야
그냥 단풍구경이라고 바람이 훅,
숯불을 꺼 버렸던 일
도무지 구불구불해서
어디를 갔다 왔는지 모르는 일
그 길 끝에 내 內腸을 묶어 두었던 일
자고나니 어제 입었던 옷에 불티 구멍 숭숭 뚫렸던 일

신과 사람과 짐승의 시간

아주 가끔 산책길로 나선 北港은
검은 구름 사이로 석양이
막 잡은 새끼洋 선지처럼 흐르고 있었다
반대편으로 눈을 돌리면
푸른 유리병 안처럼 새파란 대기가 있었다
정박한 배들은 한숨 자고 난 아이들처럼 평화로웠다
신과 사람과 짐승의 시간이라는
어디선가 읽은 책의 한 구절처럼
격하고 아름다운 시간 속에서 저물녘의 사색은 일단 정지
난간에 기대 있는 여자는 愁心이 깊었다
깊이 잠든 아기가 고개를 꺾고 업혀 있었다
푸른 水心의 유리병
속으로 여자가 힘껏, 빨려 들어갈 것 같았다

파도 없이 검은 물이 차올랐다

시월

해남에서 저녁 일곱 시 사십 분이 막차였다

장흥터미널에서 버스가 섰다
불빛이 환한 간이매점에서 주인여자가 팔짱을 낀 채
여덟시를 지나는 시계바늘처럼 졸고 있었다

버스 문이 열렸다
아무도 내리거나 타지 않았다
열려 있는 문으로
무슨 이유인지
한 번도 이 고장을 떠나 본 적 없는 바람이
긴 망토를 펄럭이고
버스 안을 천, 천, 히 둘러보고
다시 내렸다

가장 쓸쓸한 페이지로 내 책장이 펼쳐졌다

버스는 깊고 어둑어둑한 시월 속으로 달렸다

제4부

양지꽃

작은 방석을 깔고 그물을 꿰매고 있네
가지런하고 둥근 이빨로
노랗고 자잘한 잇몸 사이로 웃음이 삐져나오네
곧 꽃떼가 몰려오는데
지난겨울 폭설의 찢긴 사과나무도
꿰매야 하는데
구멍이 숭숭 뚫린 그물을
넓게넓게 펼쳐 놓고
한 땀 한 땀 꿰매야하는데
바늘귀에서 바람 실이 자꾸 빠져 나가네
아비는 점심도 거른 채 중선배를 수리 하는 중
양지꽃은 노랗고 자잘하게 허리를 가만가만 흔들며 웃고 있네
아비가 낡은 배에 은비늘 펄떡이는 싱싱한 향기를 가득 싣고 오면
물고기 신랑을 얻어달라 해야지
양지쪽에 방 한 칸 들이고

고물고물 새끼들을 풀어 놓아야지
양지꽃이
작은 방석을 깔고
노랗고 자잘하게 허리를 흔들며 웃고 있네

산수유꽃의 부고

어쩌면 봄,
무겁기도 할려나

봄볕을 이기지 못할
노인네들의 부고를 연달아 받았다

아직 어린 생명들이
세차게 때리는
찬 기운에 제 탯줄을 꽉 움켜쥐고
태어나는 봄
산수유꽃 소식과 함께
사십을 갓 넘긴 그의 부고도 노란봉투에 배달되었다
어린 두 아들과 손을 잡고 다닌 산책길
깊어진 병이 숨을 고르던 벤치에 조문처럼 햇살이 다녀
간다

곧,

꽃밥이 지천으로 터지는데
성급한 발걸음이
꽃밥을 먼저 먹으러 갔을까
어쩌면, 배달 사고를 친 것일 수 있다고
노란 산수유 꽃망울을 의심해 본다

창문을 여니
겨우 눈을 뜨는 아지랑이 모가지를 밟고 가는
그의 맨발이 아슴하게 보인다

어쩌면 이 봄이 가볍기도 하겠다

立冬

하늘이 기우뚱 한 대접의
차가운 피를 쏟아 놓았다
찰기가 너무 진하면 시루에 떡이 좀처럼 익지 않는다고
생솔가지 밀어 넣고 눈가를 훔치고 있는 이모를
부뚜막에서 밀어 내며 외할머니가 말했다

큰 불길이 지나간 후에도
설컹설컹 익지 않는 감정이 있었다
너무 빽빽했거나 마음 구석에서 오랫동안 잔가지만 뻗친 나무여서
익지 않은 것들로 床을 차린 시절이 있었다
익지 않은 사랑을 꾸역꾸역 먹는 시늉을 한 사람이 있었다
그도 역시 익지 않은 감정을 진설하기 좋아하는 사람
설컹설컹 비린 감정들이 서로에게 스며들지 못해
자꾸만 생솔가지를 밀어 넣던 아궁이처럼
매운 눈물로 범벅이 되던 시절

저 비릿한 窓 너머

북풍이 몰고 올

갓 부화한 눈(雪)의 애벌레들이 꼼지락 대며 있겠다

잠시

저녁을 짜게 먹었다 싶어 슬리퍼 끌고 슈퍼 가는 길
환하게 불 밝힌 슈퍼 문에
잠시 자리를 비우겠습니다, 주인 백
팻말이 손잡이에 걸려 있다

잠시라는 문구에 등 돌리지 못하고 발자국으로 보도블록 위에 꽃판을 만들고 있는데 잠시 만에 돌아 올 수 있는 무엇인가를 많이도 버려 둔 것만 같기도 하고 까맣게 잊고 있던 어느 시절에 저 팻말을 잠시 빌려 걸어두어야 한다는 생각이 들기도 한데 시린 발끝으로 꼭, 꼭, 꽃판을 수 겹으로 만들어도 주인은 오지 않고 잠시만으로 턱없이 부족한, 건널 수 없는 심연이 발걸음을 한없이 머물게 하고

고개를 드니 슈퍼 안이 환했다가 어두워지는 것을 다 지켜봤을 회화나무, 쉬지 않고 물을 펴 날랐을 물관도 어느 나무 속의 아늑한 습기를 잠시라도 방문하고 싶었을 터

야윈 가지 사이 별들이 환한 밤

마음도 잠시 마실 갔다 온 것처럼 말개져 있었다

누군가의 백성

아파트 화단에 누군가 풀을 뽑고
꽃을 가져다 날랐다
흙을 파 헤쳐지고 거름 준 자국이 선명했다
달맞이꽃이 피고 지고
어느 날은 금잔화가 뭉텅이로 옮겨 왔다
아파트 경비원은 새로 이사 온 이가 예전에 살던 마당에서
날마다 조금씩 옮겨 온 것이라 했다
커다란 엉덩이가 들썩이며 모종삽을 들고
꽃을 여기에서 저기로,
저기에서 더 안쪽 부드러운 흙으로 옮기고 있었다

화단을 지나갈 때마다 꽃들과 눈맞춤을 했다
여름이 깊기도 전에 노랑나비가 팔랑이며 꽃과 꽃 사이를 날아다니고
벌들이 잉잉거리며 꽃 속을 깊이 드나들었다

호주머니 속에 두 손을 심어 놓으며
시간이 칡넝쿨처럼
어제와 오늘을 칭칭 감고 올라갔다
벌과 나비를 불러 오지 못하는 내일

난 저 커다란 엉덩이의 백성이 되고 싶었다

울먹이기 시작한 시간 전에

학교 갔다 와서 마루에 책가방을 던져 놓는 나에게 낯선 이가 마루에 퍼질러 앉아 젖값을 내놓으라며 낄낄 웃었다 젖이 부족하여 미음을 먹었다는 건 온 동네가 다 아는 사실이었는데 동냥젖까지 먹였다고 한사코 손바닥을 내민다 왠지 크나큰 빈 손바닥이 막막해 울음을 터뜨리려는 내 입에 속곳을 들추고 주섬주섬 비닐로 싼 갱엿을 꺼내 물려주었다

갱엿 한 조각에 마음이 녹아 어느새 낯선 이의 치마폭에 안겨 있었는데 추욱 처진 젖을 내놓고 또 먹을래 또 먹을래 했다 도리질하면서도 부드럽고 말캉한 젖을 만져도 보고 한번 혀끝이라도 살짝 대 보고 싶었는데

가끔, 내 울먹이기 시작한 시간 전에 낯선 이의 이름을 호명하며 추처럼 묵직해진 머리를 기대고 싶은 시간이 있다

너무 오래되어 가물거린 향기 떠오르며 옷섶을 들추면 삭힌 젖 냄새 같은 시간이 그 풍성하고 희디흰 살의 아늑

함이 푸지게 흘러나와 갱엿같이 달디 단 이름으로 내 안에서 울먹이는 울음을 녹여줄 것만 같은 것이다

새벽 첫 버스

새벽, 첫 버스를 타고 광주 가는 길
낮은 산등성이 아래 옹기종기 모여 있는
아직 잠에서 깨지 않은 마을에
조신한 햇살이 비쳤다
마음은 버스에서 내려
조붓한 고샅을 지나쳐
마당에 숨차게 들어서고 있었다
여름이니
백일홍과 맨드라미와 채송화가 피어있겠다
장독대에서 수건을 머리에 깊숙이 쓴 여인이
허리를 깊게 구부려 된장을 펐다
그 뜨거운 된장국 한 모금에
도시의 딱딱한 응어리가
순하게 풀릴 것이다.
차가운 차창에 이마를 대니
어머니가
괜찮니. 괜찮니 하며 따라오고 있었다

봄볕

황소를 썩은 사과 한 자루와 바꿔 와도 잘했다며 이웃과 나눠 먹을 수 있어서 얼마나 좋으냐며 함께 늙은 짝이 있었다는데

어린 햇살들이 쑥쑥 자라는 날

무거운 장롱을 저기서 여기로 옮기듯 시 한 줄로 끙끙 앓는 자신을 누가 잘했다 등 두드려 주겠는가 뜨거워진 이마라도 짚어주겠는가

한 십년 사귄 애인처럼 봄볕은 자꾸 꽃구경가자 불러내는데 마른 시래기 같은 한 줄 시에 대신 물주고 햇빛 주면 얼마나 좋겠느냐 하는 엄살도 생겨나고 한 됫박 외로움과 바꾼 시 한 줄을 누가 읽는 눈이나 있는 건지 도무지 누가 갸륵하다 할 것인지 저 어린 봄볕 자꾸 칭얼칭얼 옷자락을 잡아채고

겁

삼월,
버스 차창 밖의 눈발을 세고 있었다
불안 한 송이,
불안 두 송이,
불안 세 송이,
어느새 쏟아지는 눈발,
저, 깊은 곳에 닿을 수가 있는 것인지
가슴이 작은 새처럼 팔딱거렸다
비루한 말을 타고 견고한 성을 향해가는 늙은 무사처럼 눈발이 거세졌다
종소리처럼 멀리 떠났다 다시 되돌아오는 눈발

혼자 자다 깬 어느 오후
인기척 없는 집에서
몸피를 키운 어스름에 업힌 적막처럼
만져지지도 보이지도 않는 정체에게 가진 두려움처럼
차창으로 오래 전 풍경이 조용히 떠올랐다

초행길이었고

스스로에게 괜찮다고 두 손을 엮어주고 싶었다

또, 봄

개나리 휘어진 가지 눈 뜨는
노란 꽃봉오리에게 마음 열지 않았다
산비탈을 일구는 아낙에게도 눈길을 주지 않았다
점, 점 가파른 산등성
발밑에 자주 만난
개불알 보랏빛이 자꾸 아는 체를 하려했다
봄빛에 꺾인 매화가 활짝 피었다
아무에게도 마음 길을 터주지 않는
광기가 섞인 열정이 없이는
아무것도 할 수 없다고
오전 열 시의 햇살이 여러 번
머리 위에 머물렀다
알아들을 수 없는 소리로
새가 울었다

霜降과 小雪사이

단풍 위로 활짝 핀 개나리를 보았다
여름내 햇빛은 길길이 날뛰었고
새들은 건널 수 없는 큰 강과 무더운 밤을
견디어야 했다
모두들 세기말을 생각했고
벼랑 끝
강물은 큰 돌을 굴리며 무섭게 울부짖고 있었다

한결 겸손해진 말들과
헐뜯은 말들이 서로
교차하며 번뜩거렸다
어떤 아버지는 아들의 손가락을 잘랐으며
우린 친숙하듯 신의 이름을 불러야 했다
무거운 치욕의 외투를 스스로 벗어야 한다는 걸
알았지만 아무도 벗지 못했다

정오가 되어도 안개는 신의 침묵처럼 오래 머물렀다

두터운 안개를 뚫고

개나리에 이어 진달래와 매화꽃이

다투어 피었다는 바늘 같은 소식이 들렸다

해설

희미한 얼룩 같은 시(詩)

— 박승자의 시

오홍진(문학평론가)

1. 아늑한, 하얀 길

박승자는 기억 저편의 하얀 길을 따라 밀려오는 존재들의 삶에 시안(詩眼)을 집중하고 있다. 이미 저 세상으로 사라진 존재들이지만, 시인의 마음속에는 그들과 겪었던 추억이 여전히 뚜렷하게 각인되어 있다. 시인은 자신의 몸에 새겨진 감각을 일깨움으로써 이제는 아련해진 기억의 세계로 들어가려 한다. 기억은 그리하여 그와 결부된 존재들의 삶과 더불어 시의 세계로 호명된다. 이를테면 「국수를 먹으며」에서 시인은 당숙모를 불러내고, 작은 언니를 불러낸다. 이 시에서 시인은 '국수'라는 사물을 통해 과거를 현재화하는 시적 작업을 실천한다. 중요한 것은 과거를 현재화하는 시인의 무의식에 '하얀 길'의 이미지가 잠재되어 있다는 사실이다. 하얀 길은 과거의 기억 속으로 들어가는 길이기도 하지만, 동시에 과거의 사건들을 현재로 되불러내는 상상의 길이기도 하다. 하얀 길을 따라가다 보면, 뜨거운 물에서 삶은 국수를 척척 꺼내던 "눈꼬리가 쳐진 당숙모"가 있고, "대문이 활짝 열려 있는 초례청/ 잔치국수 고명 같은 족두리를 쓴 작은 언니"가 있다. "푸른 보에 싸인 수탉과 빨간 보에 싸인 암탉이/ 수선스럽게 목청을 돋우"는 풍경 또한 하얀 길을 따라 현재의 시간으로 밀려나온다.

하얀 길은 몸의 길이다. 정확히 말하면 몸에 새겨진 기억의 길이라고 말할 수 있다. 그러니 "그 하얀 길을 조금 더 당기면" 몸에 첩첩이 쌓여 있는 기억의 흔적들이 하나하나 되살아날 수밖에 없다. "노란 모과 향 파르르 떠는 장지문에/ 연서를 배달하는 작은 꽃고무신이" 기억의 저편에서 제 모습을 드러내고, 연서를 마다하는 손에 밀려 사립문을 열고 나가던 존재의 뒤편으로 "컹컹 동네 개들이 요란하게 짖는 소리"가 기억하는 자의 몸속으로 밀려들어온다. 기억이 이미지로 주체의 뇌리에 각인된다는 점을 굳이 강조할

필요는 없을 것이다. 시인의 기억 속에 각인된 당숙모의 이미지가 당숙모라는 존재와 일치할 수는 없다. 이미지로 변용된 기억은 현재의 시간에서 출현하는 어떤 사건과 맞물리는 순간 시적인 기억으로 현현되기 때문이다.

「공갈빵 목련」을 참조한다면, 시적인 기억은 "마음보다 몸을 먼저 불러내는 저 흰 북소리"와 분명히 닮아 있다. 기억 속의 서커스단을 화제로 하고 있는 이 시에서, 서커스단의 북소리는 "7동 앞 화단의 목련꽃"으로 변용되어 과거의 기억을 현재화하는 시작(詩作)의 계기로 작용한다. 하얀 목련꽃의 현재가 꽃바구니를 든 서커스단 소녀의 과거로 이어지면서 한 편의 시는 과거와 현재의 이미지들이 만나는 상상의 광장으로 거듭난다. 시인의 말마따나 하얀 목련꽃의 이미지는 시인의 몸속에 각인되어 있는 감각을 먼저 일깨운다. 무의식 깊이 잠재해 있던 감각이 살아나자 "아직 시린 푸른 이마 주름도 펴지 못한 바다도/ 방파제 언저리에 하얀 뱃살을 비비적거리며/ 하얀 꽃잎이나 한 입 받아먹어 보았으면 하고 보"챈다. 과거와 현재가 하얀 목련꽃의 색채 감각으로 이어지고, 그것은 다시 방파제 언저리의 하얀 뱃살로 이어져 이 시에서는 온통 하얀 색의 감각으로 구성된 새로운 (시적) 현재가 만들어진다.

새로운 현재는 과거에서 이미 이루어진 감각의 현재화라는 점에서, 감각적으로는 오래된 현재라고 말할 수 있다. 시인은 이 시의 마지막 연에서 "어디 서커스가 열리는 빈 공터가 없나 자꾸 곁눈짓을 하다"라고 쓰고 있다. 서커스에 대한 기억, 혹은 상상은 시인에게는 하나의 몸살과도 같은 것이다. "공갈빵처럼 부푼 목련꽃"을 볼수록 설익은 햇살에 앓는 시인의 몸살은 그만큼 심해질 수밖에 없다. 목련꽃이 핀다는 건 곧 목련꽃이 진다는 상황을 내포한다. 어느 순간 몸에 새겨진 몸살의 기억은 피는 것이 곧 지는 것이라는 역설을 태생적으로 끌어안고 있다. 기억의 아늑함이 기억의 고통과 다르지 않은 이유는 여기에 있다. 기억이라는 말 속에는 '부재'의 의미가 함축되어 있다. 부재하기 때문에 시인은 기억을 하고, 그 기억을 글로 표현한다(하려고 한다). 목련꽃이 불러내는 "저 흰 북소리"는 이러한 부재를 살아있는 감각으로 현현하려는 시인의 노력을 보여주지만, 그러한 노력은 항상 몸살의 고통만을 시인에게 안겨줄 뿐이다. 돌려 말하면 몸살을 앓아야만 시인은 과거로 들어서는 하얀 길을 볼 수 있다. 한없이 아늑하지만, 한없이 고통스럽기도 한 하얀 길의 시학은 이렇게 박승자의 시에 펼쳐지는 시간성의 근본을 형성한다. 하얀 길을 따라 시간이 흐른다. 기억이 흐르고, 그 기억을 기억하는 자의 시간 또한 하염없이 흐른다. 시인이 "둥근 것의 기억"(「어린 것들이 보내는 신호」)이라고 부른 그 시간의 끝에는 과연 무엇이 있을까?

학교 갔다 와서 마루에 책가방을 던져 놓는 나에게 낯선 이가 마루에 퍼질러 앉아 젖값을 내놓으라며 낄낄 웃었다 젖이 부족하여 미음을 먹었다는 건 온 동네가 다 아는 사실이었는데 동냥젖까지 먹였다고 한사코 손바닥을 내민다 왠지 크나큰 빈 손바닥이 막막해 울음을 터뜨리려는 내 입에 속곳을 들추고 주섬주섬 비닐로 싼 갱엿을 꺼내 물려주었다

갱엿 한 조각에 마음이 녹아 어느새 낯선 이의 치마폭에 안겨 있었는데 추욱 처진 젖을 내놓고 또 먹을래 또 먹을래 했다 도리질하면서도 부드럽고 말캉한 젖을 만져도 보고 한 번 혀끝이라도 살짝 대 보고 싶었는데

가끔, 내 울먹이기 시작한 시간 전에 낯선 이의 이름을 호명하며 추처럼 묵직해진 머리를 기대고 싶은 시간이 있다

너무 오래되어 가물거린 향기 떠오르며 옷섶을 들추면 삭힌 젖 냄새 같은 시간이 그 풍성하고 희디흰 살의 아늑함이 푸지게 흘러나와 갱엿같이 달디 단 이름으로 내 안에서 울먹이는 울음을 녹여줄 것만 같은 것이다

— 「울먹이기 시작한 시간 전에」 전문

마루에 퍼질러 앉아 젖값을 내놓으라고 말하는 낯선 이의 시간은 "둥근 것의 기억", 달리 말하면 "사막의 시간"(「어린 것들이 보내는 신호」)과 맞닿아 있다. 그것은 무의식의 세계를 흐르고 있는 시간이므로 무의식의 세계로 들어가지 않는 한 인지할 수 없는 시간이라고 정의할 수 있다. 온 동네가 다 아는 사실을 부정하는 낯선 이 앞에서 어린아이는 막막한 심연으로 빠져 들어간다. 어떻게 할 것인가? 울 도리 밖에는 없다. 그런데, 울음을 터뜨리려는 찰나에 낯선 이는 속곳을 들추고 갱엿을 꺼내 아이의 입에 물려준다. 달콤하다. 마음이 풀린 아이는 낯선 이의 치마폭에 안기고, 그녀는 "추욱 처진 젖을 내놓고 또 먹을래 또 먹을래 했다". 몸과 몸이 만나 부드러운 감각의 세계를 만들어낸다. 성인이 된 아이에게 낯선 이와 얽힌 이 시간이 "기대고 싶은 시간"으로 기억되는 이유는 무엇보다, 이러한 시간의 감각과 긴밀하게 연결되어 있다. 시간은 내 몸의 바깥을 흐르는 게 아니라, 내 몸을 관통하며 흐른다. 그리하여 내 몸을 관통한 시간의 감각은 "너무 오래되어 가물거린 향기"처럼 어느 순간 갑작스레 지금 이곳을 사는 존재의 몸을 뒤흔든다. "삭힌 젖 냄새 같은 시간"은 "희디 흰 살의 아늑함"으로 체화되어 시적 계기만 주어지면 현실로 돌출하기 때문이다.

「어린 것들이 보내는 신호」에서 시인은 이러한 기억의

감각을 “어린 것들이 아득한 먹먹함 속에서/ 몸에게 보내는 신호”로 표현한다. 어린 것들의 “기억은 둥글고 빗금이다 그리고 그 속은 검게 비어있다”. 이미 채워져 있지만, 기억의 밖으로 뻗어 나오는 순간 그것은 하나의 의미로 고정될 수 없는 수많은 이미지들을 생산한다. 어린 것들이 기억하는 세계는 검기 때문에 비어있고, 비어있기 때문에 검을 수밖에 없다. 검은 색을 이야기했지만, 검은 색은 하얀 길의 이미지와 전혀 다르지 않다. 오래된 시간이 보내는 신호는 이렇듯 어린 것들의 둥근 기억과 어울려 박승자 시의 세계로 들어온다. 그곳에서 당숙모는 여전히 한 그릇 국수를 말아주고, 작은언니는 잔치국수 고명 같은 족두리를 머리에 쓰고 있다. 그리고 그 모든 기억의 편린들을 품은 채 어딘가로 끝없이 뻗어 있는 ‘하얀 길’이 있다. 오래된 여인의 젖처럼 메말랐지만, 그럼에도 “희디 흰 살의 아늑함”을 간직하고 있는 하얀 길의 서정—감각이 박승자 시의 한편에 오롯하게 자리하고 있는 셈이다.

2. 뜨거운, 붉은 길

하얀 길의 맞은편에는 사월, 동백숲을 휘감고 도는 “붉은 비단길”(「사월, 동백숲에서」)이 자리하고 있다. 하얀 길이 어린 것들의 둥근 기억과 이어져 있다면, 그래서 한없이 아늑한 세계를 표현하고 있다면, 붉은 길의 세계는 이미 어른이 된 존재의 애달픈 삶이 모여 이루어진다. 「사월, 동백숲에서」라는 시를 먼저 보자. 사월의 동백숲은 온몸을 떨어뜨린 동백꽃들의 "붉은 비단길"로 꾸며져 있다. "연서를 보낸 내 참혹"이라는 시구에 드러나는바, 이 시의 화자는 온몸으로 사랑을 거부하는 존재 앞에서 더할 수 없는 참혹함을 느끼고 있다. 활짝 핀 동백꽃을 보고 싶어 화자는 연서를 보냈을 것이다. "숯불처럼 뜨거운 신발을 머리에 이고/ 붉은 비단길을 건" 너는 절실한 마음으로 사월의 동백숲에 왔지만, 서슴없이 온몸을 떨어뜨린 동백꽃만이 화자를 맞이하고 있다. "용서란 말이 칼날처럼 차고 날카롭다"고 이 시의 화자는 읊조린다. 저 붉은 동백꽃의 잔혹한 유희에 자기가 보낸 연서는 한낱 조롱거리가 되어버린 것 같다. 마지막 연에서 시인은 화자의 입을 빌어 "스스로 불빛으로 어딘가 닿아 본 적이 없는/ 너는,/ 봄볕이 스며들지 않는 둥치에 봉인되어 있다"고 선언한다. 봄볕이 들지 않는 생명이 나아갈 곳은 어디인가? 죽음의 장소밖에 없지 않은가. 참혹한 풍경으로 자신을 맞은 동백꽃을 향해 이보다 더 큰 증오를 퍼부을 수는 없을 것이다.

그런데, 「봄, 동백림을 다시 쓰다」에서 시인은 동백숲이 펼쳐내는 "붉은 비단길"을 제 품에 끌어안는 반전의 상황을 연출한다. 일단 시인은 "서늘하고 어두운 숲은/ 충분히 아름다웠다"고 이야기한다. 아름다운 것은 아름답다고 말해야 한다. 하지만 아름다운 것을 아름답다고 말하는 상황을 애써 외면하는 마음이 있다. 그 마음은 "자신을 접고 사랑에서도 思考에서도 단 순간에/ 뛰어내린 적이 한 번도 없었다". 적당히 울타리를 치고 사람들을 맞았고, 아주 높은 곳에 올라갈 때는 항상 내려올 방법을 염두에 두고 움직였다. 그러니 연서를 받지 않은 동백꽃에게 그 마음이 화를 내는 건 당연하지 않겠는가. "그러면서 이 숲에서 난 뜨거운 숯불을 머리에 이었다고 했고 폭풍과 자객과 독설이 깊다고 썼다". 떨어질 때가 되면 기꺼이 온몸을 내던지는 동백꽃에 비한다면, 시인은 관념의 울타리에 갇혀 타자의 자연(사월이 되면 동백꽃은 진다)을 증오하는 존재에 불과했다. "난 이 숲에 대한 경배에 정직해야 했다"고 시인은 고백한다. 숲을 향한 경배는 마음에 대한 집착에서 벗어나야만 가능하다. 그리하여 아름답고 서늘한 동백숲에서 시인은 "신발을 벗는다 그리고 융단 위를 걷는다" 발아래 으깨지는 동백꽃의 맑고 부드러운 신음소리를 들으며 시인은 나무 둥치 아래에 봉인되었던 동백꽃의 새로운 생명력을 한없이 향유한다. 하얀 길의 아늑함에 버금가는 붉은 길의 뜨거운 생명력은 바로 이 지점에서 생성된다. 마음에 집착하는 '나'를 버리자 "저 깊은 골짜기에서 너와 내가 버린/

흔적 없는 사랑이 다시 불꽃으로 타올랐다". 사월의 동백숲에서 참혹한 절망을 느꼈던 존재는 이제 사랑의 불꽃으로 활활 타오르는 내면의 기쁨을 만끽한다.

붉은 길의 이미지는 이처럼 절망에 빠진 존재의 마음에 활력을 불어넣는 시적 계기로 표출된다. 「괘종시계가 두 번 우는 밤」에서는 아들을 잃은 어미의 슬픔을 붉은 색의 이미지와 연동시키는 시작(詩作)이 이루어지고 있긴 하지만, 「참 숯가마 찜질방」에 나타나듯 붉은 색의 이미지는 "활활 타는 정념"을 상징적으로 표현하는 매개로써 분명히 작동하고 있다. 「내장(內藏) 가는 길」에도 "새빨간 숯불"의 이미지가 표현되고 있거니와, 박승자의 시에서 붉은 색의 이미지는 곧 관념과 사물 사이에서 변함없는 갈등을 겪고 있는 존재의 삶을 비유적으로 드러내고 있는 셈이다. 요컨대 하얀 길의 이미지가 갈등이 없는 과거의 세계를 구현하는 데 초점이 맞춰져 있다면, 붉은 길의 이미지는 과거와 현재의 경계에서 끊임없이 부유할 수밖에 없는 지금 이곳의 존재를 집중적으로 표현하고 있다. 누구나 가슴 속에 "뜨거운 숯불"(「봄, 동백림을 다시 쓰다」)을 지니고 있기 마련이다. 그 숯불이 꺼지는 순간이 곧 죽음의 순간과 다르지 않은 것이라면, 붉은 색에 대한 시인의 집착은 어떻게 보면 생에 대한 열렬한 사랑을 에둘러 표현하는 것인지도 모른다.

새벽시장, 채소전 지나 어물전 지나

철도역 뒤편에 쪼그리고 앉아 탐스런 무를 팔러 온 아낙 무를 세는 숫자가 자꾸 헷갈린다

무 세 개를 네 개라고 우긴다

무 하나에 오백 원이면 너무 싸다 싶지만 숫자를 맞추는 버릇이 있는 나는 자꾸 봉지 속을 열어 보였다 멀찌감치 떨어져 있는 남편이 지켜보다 못해 담뱃불을 낡은 신발 뒤축으로 짓이기고 나선다 무 하나를 봉지에 넣어주며 한없이 미안한 얼굴을 내민다

옆 좌판에서 고추를 파는 이가 "저렇게 아침부터 취해서, 끌끌" 하는 매운 소리에 아낙은 황망한 표정을 짓고 무다발 쪽으로 기우뚱 쓰러진다

술 향기가 왁자한 소란과 섞이고 너를 읽지 못해 한 오리쯤 취해보고 싶은 날들이 내게도 있었다 그럴 때마다 한 모금의 물을 마시거나 책을 펼쳐들곤 했다 너는 한 백리쯤 취하면 어떠냐고 울컥 하기도 했지만 저렇게 취한 아낙을 따라나서는 남자의 염려가 물기 마른 자국처럼 읽혀져 마음이 자꾸 묽게 번졌다

어느 새, 복작복작 사람들이 밀려들고 술 향기로 추운

아침을 건너는, 그녀가 세 개와 네 개를 헛갈리는 세계가
부러워 붉은 것을 가라앉히고 울컥,

— 「새벽시장」 전문

여기, 무 세 개를 네 개라고 우기는 시골 아낙이 있다. "숫자를 맞추는 버릇이 있는 나"는 네 개가 아니라 세 개라고 봉지를 열어 보이며 아낙과 실랑이를 벌인다. 새벽부터 술에 취해 숫자를 자꾸 헷갈리는 아내를 보다 못한 남편이 봉지에 무 하나를 더 넣어준다. 술에 취한 아내가 있고, 아내를 묵묵히 지켜보는 남편이 있다. 아내는 왜 새벽부터 술에 취해 있고, 남편은 왜 그런 아내를 그냥 지켜보기만 할까? 한편으로 새벽시장의 한 귀퉁이 노점에서 일어난 이 사건을 시인은 왜 시의 세계로 옮겨놓고 있는 것일까? "너를 읽지 못해 한 오리쯤 취해보고 싶은 날들이 내게도 있었다"고 시인은 쓰고 있다. 술에 취한 시골 아낙의 모습은 달리 말하면 묵묵히 지켜보는 남편의 모습이기도 하고, 숫자를 맞추는 '나'의 모습이기도 하다. 이 세상을 사는 모든 이에게는 술에 취해 숫자조차 세지 못하는 시골 아낙의 모습이 그림자처럼 이면에 숨어 있다. 누군가는 "한 모금의 물을 마시거나 책을 펼쳐들"고 그 아픔을 이겨보려 하지만, 누군가는 이렇게 새벽부터 술에 취해 제 속의 "붉은 것"을 하염없이 내뱉어버리기도 한다. 저렇게 취한 아낙을

남편이 따라나선다. 울컥, 화가 나기도 하련만 남편은 남편대로 아낙의 아픔을 제가 품을 만큼은 품으려고 한다. 세 개와 네 개를 헷갈리는 아낙의 세계가 부러워 "붉은 것을 가라앉히고 울컥," 했다는 시인의 마음에는 이러한 남편의 마음 역시 도사리고 있다. 새벽부터 취한 시골 아낙은 남편을 믿고 취한 것은 아니었을까? 제가 한 일을 아무 말 없이 바라보는 남편이 있어 시골 아낙은 비틀거리면서도 자신에게 주어진 인생을 여여하게 살아갈 수 있는 것은 아닐까?

「괘종시계가 두 번 우는 밤」에는 "육이오 피란 때 오빠를 잃은 엄마"가 등장한다. 그녀는 "동그란 고리가 달린 새장을 늑골에 넣"었는데, 깜박 잊고 새장에 문을 달지 않았다. 문이 없으니 새가 나올 곳은 없고, 밖으로 나오지 못한 새는 울면서 한없이 어미의 늑골을 갉아먹는다. 그럴 때마다 어머니는 스웨터를 짰다가 다시 푸는 일을 반복한다. 일을 하지 않으면 견딜 수 없는 삶—고통이 그녀에게는 운명처럼 주어져 있다. 평생 스웨터를 짜고 풀어도 가실 리 없는 이 아픔에 아랑곳없이 새장에 갇힌 새는 어미의 늑골을 갉아먹으며 여전히 제 울음을 울고 있다. "올가미에 갇혀 붉게 울던 새"는 과연 죽은 아들이기만 한 것일까? 어미의 가슴을 헤집어 놓은 붉은 새의 울음은 당신 스스로 짊어진 운명의 족쇄인지도 모른다. 박승자는 이렇게 어미의 가슴에 맺힌 붉은 새의 울음에 주목함으로써 저마다의 가슴에 저마다의 사연으로 담겨 있는 "그 파란 독이 만들어낸 생채기"(「음력 8월 5일 초승달」)를 집요하게 시의 세계로 불러낸다. 생채기는 마음 깊은 곳에 잠복해 있다가 순간적으로 어떤 계기가 주어지면 몸의 감각을 통해 비로소 현재화된다. 박승자의 이번 시집에 두드러지게 표출되는 고통스런 타자의 시학은 무엇보다 이러한 몸과 몸이 만나는 일상의 터전에 시인의 시안(詩眼)이 집중되고 있음을 예시한다. 어미의 늑골에 묻힌 저 붉은 새는 고통의 심연에서 헤어나지 못하는 타자들의 형상으로 자연스레 이어지고 있는 셈이다. 어떻게 해야 그들을 어미가 만든 새장 밖으로 내몰 수 있을까? 이제 우리는 그 질문에 대답할 차례에 이르렀다고 하겠다.

3. 저 깊은, 시의 길

〈시인의 말〉에서 박승자는 "엄마는 돌아가신 후 말이 많아지셨다./ 귀 바퀴에 앉아 이미 잃어버린 저녁을 끊임없이 간섭하셨다."고 쓰고 있다. 돌아가신 엄마는 귀 바퀴에 앉아 살아있는 시인의 삶에 개입하고 있다. 산 자와 죽은 자의 경계가 무너졌다는 진부한 말로 표현하기에는 무

언가 부족한 듯한 이 사건을 기록하며 시인은 "내 겹인 엄마"라는 말을 글의 말미에 덧붙인다. 「기억 저편-어머니」를 참조한다면, 어머니는 "분, 분, 분,/ 내리는 눈발/ 내 손을 끌고/ 목적지도 없이/ 기차를 타고 다시/ 되돌아오"신다. 어머니의 생이 '나'의 생과 다르지 않다면, 그리고 두 사람의 삶이 겹쳐 둘도 아니고 하나도 아닌 삶이 이루어진다고 한다면, '겹'의 의미는 무엇보다 살아있는 이의 가슴에 영원히 남아있는 죽은 이의 얼룩과 긴밀하게 연동되어 있다. "도시의 딱딱한 응어리"를 순하게 푸는 "그 뜨거운 된장국 한 모금" 같은 존재는 지금도 "괜찮니, 괜찮니 하며"(「새벽 첫 버스」) 시인의 곁을 지키고 있다.

박승자는 바로 이 "희미한 얼룩 같은"(「중구난방」) 말들을 모으고 모아 그녀 특유의 시 세계를 구축한다. 희디 흰 벌판을 거침없이 달려가는 말(言/馬)들의 풍경은 "한사코 내 배내피를 기억하는 저 붉은 여우"의 상상력에 그 뿌리를 두고 있다. 말들은 중구난방으로 퍼져 언어가 부여하는 의미의 세계로부터 멀찌감치 뛰쳐나간다. 시인은 말들의 이러한 질주를 "난감한 생각의 길" 혹은 "가로등 하나 없는 깜깜한 밤길"로 표현한다. 말들의 흔적은 남아 있지만, 그것을 언어의 그물로 낚아채는 건 생각만큼 만만치 않다. 중구난방으로 뻗어가는 말들을 상대하려면 시인 또한 중구난방으로 상상의 힘을 뻗쳐야 한다. 붉은 여우에 대한 상상과 희미한 얼룩 같은 언어 사이에서 시인은 "마음보다 몸을 먼저 불러내는 저 흰 북소리"(「공갈빵 목련」)를 들으려고 한다. 중요한 것은 그러므로 말들의 세계를 감각하는 자의 거침없는 상상력으로 모여진다. 상상은 경계를 용납하지 않는다. 정확히 말하면 경계를 넘어서는 곳에서 시적 상상이 뻗어 나온다. 사물의 저 깊은 곳을 향한 시적 여정은 상상하는 주체 스스로 경계를 허물어야만 비로소 시작될 수 있는 것이다.

어여쁜 과수댁 울 밑에 분꽃향이 분분한 밤이면
독 뚜껑 뒤집어 무딘 칼을 쓱쓱 갈곤 했다
달은 하얀 박속처럼 제 살을 박박 긁어 먹고
바가지 형상으로 덩그러니 어둠 속에 팽개쳐 있을 때
또아리 풀고 소리 없이 담장 밑을 기어 나가는 구렁이

촉수 낮은 알전구 밝혀두고 여름, 매운 무를 썰며
잘 벼린 칼 주위로 시퍼런 불이 모여 들었다
여름밤이 피 한 방울 흘리지 않고 잘리는 소리
분꽃 모가지가 낭자하게 꺾이고
새침처럼
똑, 똑
도마 위의 칼 소리

생피를 쏟아버린 그녀의 낯빛처럼 댓돌 위의
신발 속에 창백한 달빛이 기우뚱 고이고

알전구가 꺼지고 희부연 새벽에
시침 떼고 아랫목에 앉아 있는 구렁이 앞에
흰 쌀밥에 무나물을 차려놓고
수저 한 가득 밥을 퍼 먹는 그녀의 치마 속에
숨겨있는 아홉 개의 여우 꼬리를 보았다

밤새 어린 계집애가 바람벽을 마주 보고 두 눈을 부릅뜨고 있었다

— 「곡두」 전문

곡두는 실제로는 없는 사람이나 사물이 마치 있는 것처럼 보이다가 사라져버리는 현상을 말한다. "어여쁜 과수댁"과 "아홉 개의 여우 꼬리"를 설화적 상상력으로 연결하는 시작 태도에 나타나듯, 위 시는 현실과 환상의 경계가 허물어지면서 발생하는 환상적 세계에 초점을 맞추고 있다. 어여쁜 과수댁은 무딘 칼을 쓱쓱 갈고 있고, 구렁이는 또아리를 풀고 담장 밑을 기어나간다. 칼을 가는 여인의 낯빛을 닮은 달은 댓돌 위에 놓인 신발 속으로 창백한 빛깔을 내비춘다. 시치미 떼고 아랫목에 앉아 있는 구렁이 앞에 여

인은 흰 쌀밥과 무나물을 차려놓고 수저 한 가득 밥을 퍼먹는다. 어여쁜 과수댁에게는 서글플 수밖에 없는 이 사건들이 어린 계집애에게는 그저 신비롭게만 보였을 것이다. 신비로움에 빠진 이는 두려움을 머금고 그 상황과 마주하고 있다. 두려움 없이 신비로운 현상에 직면할 수 있다면, 그(녀)는 이미 현실 바깥에 존재하고 있을 것이기 때문이다. 어린 계집애는 밤새 바람벽을 마주본 채 두 눈을 부릅뜨고 있다. 두 눈을 부릅뜨지 않고 이러한 상황을 견디기는 힘들다. 자신의 힘이 미치지 않는 공간에 과수댁의 칼이 있고, 시퍼런 불이 있고, 구렁이가 있고, 아홉 개의 여우 꼬리가 있다. 보이지 않는 세상의 흔적들과 마주하는 일은 아이에게 열병과도 같이 찾아왔을 것이다. 그녀가 본 환상은 설화적 세계로부터 벗어나지 못한 아이—존재의 심리적 결과물이겠지만 그러한 경험—환상들이 모여 "희미한 얼룩 같은"(「중구난방」) 말들의 세계를 만드는 것 또한 문학적으로는 엄연한 진리라고 하겠다.

환상으로 빚어지는 이러한 세계는 「겁」이라는 시에서도 나타난다. 시인은 "만져지지도 보이지도 않는 정체에게 가진 두려움"으로부터 "저, 깊은 곳에 닿을 수 있는" 시적 계기를 뽑아낸다. 저 깊은 곳을 향한 '불안한' 마음이 없다면 시적 사유는 우리가 보는 이 현실의 벽에 갇힐 수밖에 없을 것이다. 「참견」이라는 시에 펼쳐지는 귀찮지만 아늑한 세계 또한 이러한 설화적 상상력에 빚지고 있다. 보이지 않는 것에 대한 두려움은 어떻게 보면 타자의 삶에 참견하고 싶은 마음을 만들어내는지도 모른다. 참견은 타자의 마음속으로 들어가는 행위를 동반한다. 자식의 가슴에 맺힌 딱딱한 응어리를 풀기 위해 "괜찮니, 괜찮니 하며 따라오"는 죽은 어미의 참견에 나타나는바 그대로, 참견은 보이지 않는 세계에 대한 두려움마저도 무화시키는 힘이 있다.

한갓진 고속도로 휴게소 백반 집, 손님이 남긴 반찬을
구석진 테이블로 옮기는 종업원이 있었다. 병색이 완연한
늙은 남자와 대여섯 살로 보이는 사내아이가 밥을 먹고 있
었다 제육볶음에 볼 가득 상추쌈을 하는 아이가 남은 반찬
을 테이블로 밀어주는 앳된 종업원을 엄마! 하고 불렀다
여자가 눈짓으로 아이를 나무랐다 늙은 남자가 자꾸 흐린
웃음을 흘렸다 식당 주인은 애써 모르는 척 문 밖으로 고
개를 돌리고 잘 마른 햇살도 무거워 과꽃이 고개를 떨어뜨
린 가을 한낮,

낯선 나라에서 와서 가장이 된 女子를 바라본다 말끄러
미 바라보는 눈빛을 저어하는 얼굴에 짜디짠 바닷물이 넘
실대는 것 같다 아이는 어미를 닮은 맑은 눈망울로 여자의
옷자락을 당기며 남의 식탁 반찬을 고사리 같은 손가락으

로 채근한다. 흩어진 상추를 가지런히 포개어 아이에게 건네는, 스물을 갓 넘긴 듯한 여자의 移住가 무거운 꽃송이를 가누지 못해 한사코 햇살 쪽으로 기우는 한 낮, 낮달도 짜디 짠 제 얼굴을 지운다

—「移住」 전문

낯선 나라에서 시집와 가장이 된 여자가 있다. 그녀의 삶이 어떠할 지는 이 시를 세심하게 살펴보지 않더라도 충분히 짐작할 수 있다. 그녀는 고속도로 휴게소의 백반집 한켠에서 손님이 남긴 반찬을 늙은 남편과 어린아이에게 말없이 건네주고 있다. 잘못한 일도 없는데 여인은 "말끄러미 바라보는 눈빛에 저어하는 얼굴"을 하고 있다. 배고픈 아이는 그녀의 옷자락을 당기며 남의 식탁에 놓였던 반찬을 달라고 채근하고, 늙은 남편은 그저 흐린 웃음만 흘리고 있을 따름이다. 흩어진 상추를 가지런히 포개 아이에게 건네는 어미의 마음을 어떤 말로 표현할 수 있을까? 갓 스물을 넘긴 여자의 모습을 시인은 "꽃송이를 가누지 못해 한사코 햇살 쪽으로 기우는 한낮"의 서러운 풍경에 비유한다. 애써 모르는 척 문 밖으로 고개를 돌리는 식당 주인처럼 시인 또한 여자의 저어하는 얼굴을 속절없이 바라보고만 있을 뿐이다. 「곡두」에 등장하는 어여쁜 과수댁과 이 작품에 시화되는 이국 여자를 전혀 다른 인물이라고 볼 수는

없다. 많은 시간이 흘렀고, 많은 사람들이 태어나고 죽었지만 사람들의 가슴에는 여전히 한스러운 마음이 서려 있다. "맑은 눈망울"로 제 어미가 주는 '서러운' 음식을 받아먹는 아이의 가슴에도 시간이 흐르면 자연스레 이런 한이 서리게 될 것이다. 그리고 몸에 새겨진 바로 그 한 때문에라도 아이는 어미에 대한 기억을 놓지 못하게 될 것이다.

박승자는 우리네의 가슴에 차곡차곡 쌓여 있는 이 붉은 한의 정서를 어미의 마음으로 녹여내는 시를 쓰고 있다. 중구난방으로 뻗어 나가는 말들의 질주를 상상하면서도 그녀는 그 이면에 숨은 '살아있는' 말들의 세계를 하염없이 갈망한다. 그러므로 그녀에게 시는 단순한 기호가 될 수 없다. 지금 이곳을 살아가는 사람들의 구체적 일상을 표현하는 게 그녀에게는 '좋은' 시이고, '지향' 해야 할 시이다. 「어떤 울음」을 참고한다면, 그런 시는 "혼자 오랫동안 꼭꼭 여미고 발화시켰을 슬픔"을 서러운 울음으로 토해내는 자에게 기꺼이 "내 작은 어깨 한쪽이라도 빌려 주고 싶"은 마음과 다르지 않다. 지금 이 순간에도 그 누군가는 어딘가에서 서럽게 울고 있을 것이다. 타자들의 발효된 슬픔에 즉각적으로 반응하지 않는 시인이라면 이미 시인이 아니라고 말할 수 있다. '참견' 의 시적 의미는 바로 이 지점에서 공고해지거니와, 그 말은 어쩌면 "빡빡도새 같구나"라는 엄마의 말을 가슴에 새기고 "결국은 보리암에 닿"는 박승자의 시적 여정을 에둘러 표현하는 언어인지도 모른다. 시인은 지금도 "네이버 검색에도 없는 새/ 날개도 울음도 가지지 않는 새가/ 호통을 치듯/ 내 등을 떠밀고"(「빡빡도새」) 있는 빡빡도새의 그 상황을 즐기고 있는 듯싶다. 시간은 그녀 주변의 존재들을 희미한 얼룩 같은 것으로 만들었지만, 한편으로 시간은 그 얼룩들을 시의 언어로 표현하는 방법을 시인에게 알려주었다. 보이지 않는 세계를 향한 열망이 가슴 아픈 존재들을 향한 사랑의 시학으로 승화되는 이러한 시작 과정은 분명 '빡빡도새' 처럼 시간의 흐름과 더불어 더욱 더 강렬해지는 상상의 힘에 그 뿌리를 두고 있다. 시간이 흐를수록 그 맛이 깊어지는 발효의 미학을 그녀는 자식의 서러운 등을 하염없이 어루만지는 어미의 마음으로 내보이고 있는 셈이다.